RÉFLEXIONS

SUR LES DOCTRINES ANTISOCIALES.

Paris. — Imprimerie d'Adrien LE CLERE et Cᵉ, rue Cassette, 29.

RÉFLEXIONS

SUR

LES DOCTRINES ANTISOCIALES

ET

SUR LEURS CONSÉQUENCES

PAR M. BEUGNOT.

PARIS.

LIBRAIRIE D'ADRIEN LE CLERE ET Cie,

rue Cassette, 29, près Saint-Sulpice.

1849.

Ces courtes observations ont paru sous la forme d'articles détachés dans le journal l'*Ami de la Religion*. J'ai cru devoir réunir ces articles et les publier de nouveau, non pas certes que je leur attribue un grand mérite, mais parce que dans le temps présent, quand les ennemis de la société montrent une activité infatigable à propager leurs erreurs et à en semer les germes jusque dans les derniers rangs du peuple, il est à souhaiter que les défenseurs des éternels principes de la vérité et de la justice mettent une ardeur égale au service de la plus sainte des causes.

RÉFLEXIONS

LES DOCTRINES ANTISOCIALES

SUR LEURS CONSÉQUENCES.

———————◆———————

Les doctrines communistes et socialistes ont été, dans ces derniers temps, l'objet de discussions si longues et si approfondies, que l'on peut regarder le débat sur le fond même de ces doctrines comme clos et terminé. La polémique à ce sujet ne porte plus aujourd'hui que sur les conséquences de principes généraux précédemment posés et l'appréciation des événements quotidiens au point de vue de ces principes ; genre de polémique sans grandeur, et que les novateurs ont tort, dans leur propre intérêt, de soutenir avec tant d'obstination ; car si l'erreur, en s'enveloppant des nuages de l'abstraction, parvient souvent à se déguiser et à séduire, elle révèle immanquablement son impuissance lorsqu'elle se met aux prises avec les faits.

Nous ne présenterons donc pas à nos lecteurs une nouvelle réfutation de ces systèmes tant de fois combattus et réfutés, et dont l'influence provient de causes politiques, accidentelles et étrangères à leur mérite réel et propre, parce que nous serions conduits à reproduire sans nul profit des arguments déjà présentés sous des formes très-variées, et connus de ceux qui ont médité sur ces matières. Mais il est utile, afin de rassurer des esprits effrayés, et de donner aux efforts de tous les amis de la raison et de l'humanité une direction meilleure et plus forte, de rechercher ce qu'il y a de sérieux et de redoutable dans ces applaudissements, ces cris de joie, cette annonce d'une victoire assurée et prochaine que font retentir à nos oreilles les nombreux organes des sectes communistes, socialistes et phalanstériennes ; cris de joie contradictoires, puisqu'aucune de ces sectes n'est d'accord avec les autres sur les moyens de réaliser les idées qui leur sont communes, mais qui prouvent du moins qu'elles sont unanimes pour regarder la société actuelle comme une institution vieillie, usée, impuissante à se défendre et à vivre.

Dans un État divisé par les factions comme est le nôtre, où les gens de bien doutent et regardent autour d'eux avec inquiétude, croyant tout possible dans le mal, la tactique des minorités révolutionnaires est de proclamer sans cesse qu'elles touchent au moment de leur triomphe, et que toute résistance est désormais inutile. Par ce moyen elles alarment les timides, entraînent les incertains, découragent ceux qui ont l'habitude de ne combattre qu'avec la certitude du succès, et se procurent, par ce mensonge banal, une victoire à peine disputée.

Il est grand temps que tout ce que la France possède d'hommes sensés, honnêtes, amis de leur patrie, cessent d'être, par leur propre faute et leur inconcevable crédulité, les dupes et les victimes de ces génies pervers qui semblent, depuis soixante ans, s'être transmis les uns aux autres le soin de tourmenter sans relâche ce malheureux pays, le traînant, au nom du progrès et de la perfectibilité humaine, de révolutions en révolutions, de ruines en ruines.

Si les bons citoyens connaissaient mieux leur nombre et leur force, s'ils ne se laissaient aussi facilement intimider ou duper, nous n'en serions pas réduits à cette extrêmité, d'entendre chaque jour annoncer la destruction des derniers fondements de la société et la naissance d'un monde nouveau auquel chaque sophiste impose des lois, une forme et un nom particuliers.

Parmi nos nombreux faiseurs d'utopies, il en est deux qui semblent ne pas concevoir le plus léger doute sur l'application immédiate de leurs doctrines, et que cette conviction réelle ou simulée engage à donner quotidiennement à la société des avis bienveillants, afin qu'elle se résigne et se laisse exécuter de bonne grâce : nous voulons parler de MM. Proudhon et V. Considérant, les meilleurs gens du monde, de vrais et bons patriotes, que l'obstination et l'aveuglement de cette tourbe de bourgeois, de propriétaires, de banquiers, de capitalistes, d'exploitateurs de l'homme, afflige en vérité et inquiète.

Le premier qui jouit un peu gratuitement, ce nous semble, du renom d'habile et rigoureux logicien, car il fait pour sa part abus des contradictions qu'il signale chez les autres, et dénonce toujours avec une extrême maladresse les secrets de son parti, regarde la société actuelle comme une maison de banque ou de commerce en faillite, et, animé des sentiments de la plus pure charité, il conseille aux commanditaires d'accepter au plus vite, s'ils ne veulent pas tout perdre, son plan de liquidation. Les temps sont passés où il fallait décrier, ébranler, miner cette société rebelle, aujourd'hui qu'elle chancelle sur sa base et que de sourds craquements, présages de son éboulement, se font entendre, la pitié conseille d'éclairer une dernière fois les insensés que leur obstination pousse vers une catastrophe certaine. Ces avertissements sont donnés d'une voix grave, austère, souvent passionnée et impérieuse, comme il convient à un de ces génies, si nombreux de nos jours, qui tiennent dans leurs mains le sort des nations, et peuvent d'un seul mot retarder ou hâter ce qu'on est convenu d'appeler le *mouvement social.*

Le second des utopistes que nous avons cités est, depuis vingt ans, le propagateur ardent, et, à ce qu'il paraît, très-convaincu, des doctrines fouriéristes, doctrines auxquelles leur auteur avait, sans nul doute, l'intention de donner un caractère sérieux, mais qui n'en jouissent pas moins du triste avantage d'exciter chez presque tous ceux qui entreprennent de les étudier, la gaieté ou quelque chose de pis. Si jamais système philosophique et économique a eu besoin pour se faire pardonner ses inexplicables bizarreries de s'offrir au public avec politesse et modestie, c'est assurément celui-ci. Tel est cependant le désordre des idées de notre temps, que les fouriéristes eux-mêmes se croient le droit d'insulter la société actuelle, de lui reprocher sa faiblesse, de la couvrir de sarcasmes et d'outrages, et de proclamer à leur tour qu'ils sont assez forts pour la renverser et élever sur ses ruines le grotesque monument qu'ils appellent *le phalanstère*.

M. V. Considérant vient de publier un ouvrage (1) moitié sérieux, moitié plaisant, où éclate à chaque page non-seulement une conviction vive dans l'excellence des doctrines qu'il professe, ce dont personne ne pourrait s'étonner, mais la plus complète

______

(1) *Le socialisme devant le vieux monde, ou les vivants devant les morts*, par V. Considérant, suivi de *Jésus-Christ devant les conseils de guerre*, par Victor Meunier. Paris, 1848, in-8°.

certitude que le vieux monde, comme il dit, est mort, emportant dans la tombe sa religion, ses idées, ses mœurs, ses instincts, ses intérêts, et qu'il ne s'agit plus en ce moment que de savoir qui le remplacera du communisme, du socialisme ou du fouriérisme. Selon l'auteur, le terrain est déblayé et libre, il ne reste plus qu'à bâtir. Aussi ses véritables adversaires, ceux contre lesquels il dirige avec le plus de malice des sarcasmes revêtus d'une apparente bonhomie, sont ses confrères en socialisme, et non les débiles défenseurs d'un monde qui n'est plus, parce qu'il voit dans les premiers des rivaux ardents à réclamer leur part des dépouilles de l'ennemi commun, qu'il entend bien ne partager avec personne. Ce livre, dépourvu de toute valeur philosophique ou critique est, sous ce seul rapport, curieux à feuilleter.

L'auteur, à l'exemple des autres socialistes, commence par transformer la société où il vit en une société imaginaire, à laquelle il prête les faiblesses et les vices nécessaires à la justification de ses propres idées. La religion catholique — pour lui, elle se meurt, elle est morte, et en expirant elle a légué au socialisme naissant un trésor

de doctrines anarchiques. Les mœurs na-
tionales, — elles ont perdu toute empreinte
du passé et sont prêtes à accepter, avec une
complète soumission, le caractère nouveau
qu'il plaira aux législateurs du socialisme
de leur imprimer. Les intérêts publics et
privés, — ils ont été, depuis que la nation
existe, tellement méconnus et blessés, qu'en
détruisant tout ce qui est, ils se trouveront
satisfaits au-delà de leurs espérances. Rien
de plus aisé que de tracer un plan de réforme pour un peuple, quand on ne tient
compte ni de sa religion, ni de ses mœurs,
ni de ses intérêts, c'est-à-dire quand on tra-
vaille dans les airs ; aussi les novateurs ne
rencontrent-ils pas le moindre obstacle au
développement et à l'application de leurs
théories, et les faits viennent avec docilité
se placer sous leur sceptre.

Nous avons donc de la peine à expliquer
que ces puissants et hardis penseurs, qui
tiennent pour bien et dûment morte la société au milieu de laquelle ils vivent, pren-
nent le soin de déguiser les attaques qu'ils
dirigent contre elle, de dresser des embû-
ches, de subtiliser sur les mots et les choses,
comme si une agression ouverte et loyale

eût été imprudente. Depuis quand les triom-
phateurs portent-ils des masques?

On admire la rude franchise des principaux écrivains socialistes, on cite les axiomes audacieux formulés par un de leurs
chefs. Ces axiomes ont été trop vite atténués
ou rétractés pour qu'il ne soit pas évident
que dans l'esprit même de leur inventeur,
le moment de tout dire n'est pas encore arrivé, et que la secte a besoin d'user d'artifice
pour disjoindre les liens qui unissent tant
de volontés et tant d'intérêts dans la défense
de cette société qu'on dit abandonnée.

Est-il digne de ces grands réformateurs,
dont le génie est à l'étroit dans le monde,
et qui se désespèrent de n'avoir que quelques nations à organiser, d'emprunter à certains mots l'empire qu'ils exercent sur l'é-
troite intelligence du vulgaire?

On n'a pas oublié qu'il y a peu d'années
une institution fameuse, l'Université, menacée de perdre ses priviléges par l'application
du principe constitutionnel de la liberté religieuse, se décida, dans son désespoir, à
jouer toute sa fortune sur un seul mot, sur
le mot de *Jésuite*, et qu'elle gagna la partie.
Que l'Université, à bout de bons arguments,

ait eu recours à un aussi misérable expédient, on le comprend ; condamnée dans son principe exclusif par les chartes et les constitutions, par le sentiment de la justice et de la liberté, et par l'intérêt public, n'ayant pour unique appui, dans ses prétentions absolues, que d'incurables préjugés, elle ne peut pas choisir ses moyens de défense ; et une ruse ourdie avec habileté fit parfaitement son affaire. Mais que les vainqueurs du vieux monde, les créateurs du nouvel âge d'or, pâles imitateurs d'une corporation aux abois, attendent de l'exploitation du mot de *bourgeoisie* leurs principaux succès, en vérité cela nous paraît peu digne de leur puissance, et de la grandeur de leur mission.

Il n'existe aujourd'hui en France ni bourgeois ni bourgeoisie ; ces expressions servaient autrefois à désigner une classe de personnes habitant les villes, y vivant de l'industrie, du négoce, du commerce, qui avait au-dessus d'elle les seigneurs renfermés dans leurs châteaux forts, et au-dessous les paysans occupés de la culture des champs. Que pourrait être la bourgeoisie quand l'égalité la plus absolue règne dans tous les rangs de la société, quand les mêmes droits politiques sont attribués au pauvre et au riche, à l'habitant des villes, comme à l'habitant des campagnes, et que la noblesse de race n'est plus qu'un noble et touchant souvenir?

Cependant ouvrez les livres des socialistes, et en particulier celui dont nous venons de transcrire le titre, vous y verrez que la France est opprimée par l'oligarchie bourgeoïse, qui a exécuté à son profit exclusif les révolutions de 1789 et de 1830, et contre la tyrannie et l'avarice de laquelle vient d'être faite la révolution de 1848, dont elle s'efforce, avec une astuce que le peuple saura déjouer, d'anéantir les conséquences infinies. Ce thème est reproduit et varié sous toutes les formes. Celui-ci démontre savamment que la bourgeoisie est une véritable féodalité, plus oppressive, plus ennemie du peuple, et infiniment moins éclairée que la première; celui-là personnifie la bourgeoisie et nous la représente sous la forme d'un être en qui Dieu aurait assemblé tous les vices de l'humaine nature : ignorance, égoïsme, cupidité, démence, pusillanimité, rien n'est omis.

O sophistes! déployez donc cette audace que vous possédez. Vous savez bien que cette prétendue bourgeoisie est une chimère et que sous ce nom rajeuni et propre à raviver d'anciennes haines, vous désignez ceux qui possèdent quelque chose et ne travaillent pas d'un labeur manuel; mais vous n'osez pas les envelopper tous dans vos attaques, parce que vous grandiriez trop le nombre de vos adversaires, et alors vous divisez en deux classes cette société qui est une, et au nom menteur de l'égalité, vous conduisez au combat et à leur perte ceux qui se sont laissé séduire et entraîner par vos excitations.

Les socialistes ne se servent pas moins perfidement d'un terme emprunté à la science de l'économie politique, du mot de *capital*. Croirait-on que, dans leur vocabulaire, cette expression, fort innocente de sa nature, désigne une puissance mystérieuse et malfaisante; mère de la pauvreté, adversaire du travail, ennemie du peuple, source de tous les maux et de tous les vices, qu'un législateur insensé s'obstine à couvrir de son égide, mais qu'ils sauront bien anéantir?

Lorsque nous les voyons remuer à l'aide de ces mots choisis avec art, les mauvais sentiments et les souffrances qui sont au fond de tant de cœurs aigris, il nous est permis de croire qu'ils sont privés des moyens d'exercer une influence quelconque sur cette partie de l'intelligence humaine qui reste toujours noble et pure, et obéit aux idées et non aux mots. Les socialistes ne sont pas les seuls utopistes qui aient rêvé de refaire un monde parfait, où il n'y aurait ni injustice, ni misère, ni douleur; c'est même là, il faut le dire, la vision des esprits chimériquement honnêtes; mais ils sont assurément les premiers qui aient cru que, pour réussir dans cette œuvre rénovatrice, il fallait commencer par souiller le cœur de l'homme, en y introduisant l'envie, le plus bas de tous les vices.

Ce serait toutefois commettre une faute grave que de juger des doctrines sur la forme qui leur est donnée et sur le talent plus ou moins grand de ses défenseurs. En des mains inhabiles, la vérité elle-même peut succomber. Il convient donc de rechercher avec une impartialité commandée par nos plus chers intérêts, si les systèmes communistes ou socialistes peuvent, avec quelque fondement, se flatter de faire triompher leurs idées, à la faveur du trouble et du désordre où se trouve plongée la société européenne.

La France est riche en sectes réformatrices qui toutes ont leur drapeau, leurs chefs, leurs clubs et leurs journaux, et qui se font les unes aux autres une guerre des plus violentes, quand elles sont fatiguées de poursuivre de leurs outrages l'ennemi commun. Quelle que soit l'ambition de chacune d'elles de se distinguer des autres, il n'en est pas moins vrai qu'elles procèdent toutes du communisme, et que les variétés qu'elles affectent n'ont aucune importance réelle et sont le produit de l'esprit inventif de ceux qui les ont imaginées, car, dans ces jours d'anarchie intellectuelle et politique, il règne une vive émulation entre les soutiens de l'erreur, et bien des gens regardent comme une faveur précieuse de la fortune, et qui doit les mener très-loin, de pouvoir attacher leur nom à quelque système excentrique et bizarre.

Le communisme est une doctrine fort simple, et qui déduit ses conséquences très-logiquement. La source de toutes les misères dont le vieux monde est affligé réside dans le droit individuel de propriété; pour tarir cette source empoisonnée, et fonder parmi les hommes le régne de la justice et de la véritable fraternité, il faut enlever ce droit à l'individu et le transporter à l'Etat, qui, devenu propriétaire unique, sera chargé de faire travailler chacun selon son aptitude, et de répartir également entre tous les citoyens le produit du travail commun. On reconnaît là l'éternel système de la communauté des biens, véritable lieu commun, auquel en reviennent toujours les novateurs de tout ordre, qui prétendent abolir l'inégalité et la misère, ces conditions de notre nature déchue, système qui conduit nécessairement, il serait inutile de le démontrer, à l'abolition de la famille.

La plupart de nos réformateurs n'étaient pas hommes à se contenter d'une idée aussi vulgaire que celle de la communauté des biens; il leur fallait à tout prix du nouveau, afin qu'on ne pût pas accuser de stérilité la grande époque illustrée par leur apparition. Plusieurs rejetèrent donc avec éclat le communisme, et chacun d'eux écrivit sur son drapeau sa formule particulière. Sur celui-ci nous lisons *Association,* sur celui-là *Harmonie;* sur l'un *Réciprocité,* sur l'autre *Droit au Travail, etc.* Ce sont toutes ces doctrines bizarres, auxquelles, selon toute vraisemblance, beaucoup d'autres viendront se joindre, si la raison publique n'oppose enfin une digue à ce débordement de rêveries, les unes insensées, les autres coupables, que l'on désigne sous le nom générique de *Socialisme*.

Telle est la pauvreté intellectuelle de notre époque et son défaut total d'originalité, sauf dans l'art d'accomplir des révolutions, que ces dissidents si empressés à déclarer leur rupture avec le communisme, professent tous, bon gré mal gré, des opinions dont la conséquence fatale est l'abolition de la propriété individuelle et de la famille. On ne peut donc regarder comme fondée leur prétention de se nourrir d'idées plus élevées, plus pures, plus applicables que les sauvages défenseurs du communisme. Le point de départ et le but étant les mêmes, qu'importent les divagations intermédiaires ?

Dans ces systèmes annoncés avec bruit, soutenus avec obstination, exploités le plus souvent dans une intention purement politique, par des hommes que la passion d'une renommée quelconque sollicite bien plus que la conviction, on ne découvre en définitive qu'une seule idée sérieuse : une attaque à la propriété, que les uns avouent, que les autres nient, mais dont tous sont également coupables.

Un de nos premiers hommes d'Etat, dont la haute raison et le talent sont à bon droit redoutés des novateurs, témoigne dans des termes pleins de vérité et de noblesse, le regret, la douleur qu'il ressentit, quand la patrie vint lui commander de prendre la plume, et d'écrire, pour défendre avec la propriété honnie et dénoncée, tout ce qu'il y a de sacré dans notre société, un livre qui restera son plus beau titre à la reconnaissance de ses concitoyens. Qui ne comprend et ne partage ce sentiment? Est-il au monde quelqu'un d'insensible au sort d'une grande et noble nation, hier encore occupée avec une si louable ardeur à affermir ses institutions, à corriger ses lois, à développer sa richesse, à étendre au loin sa puissance civilisatrice, et qu'une tourmente imprévue a subitement précipitée dans un tel état de déchéance, qu'il faut qu'elle rassemble tous ses efforts, qu'elle invoque tous les secours pour défendre chez elle... quoi? la propriété et la famille également menacées.

L'état politique de la France, digne assurément de pitié, ne doit cependant pas nous porter à exagérer la puissance que la dernière révolution a donnée aux réformateurs socialistes, à ces adversaires déclarés de tout ce que le monde honore depuis qu'il existe. Ils se disent les arbitres souverains de nos mœurs, de nos idées et de nos intérêts, parce qu'un jour, eux ou leurs alliés, ont renversé et brûlé un trône que personne ne défendit. Sans revenir sur des hauts faits dont l'histoire leur tiendra compte, interrogeons leurs doctrines, afin de régler notre conduite sur les dangers réels qu'elles peuvent faire courir à un ordre de société imparfait sans doute comme toute institution humaine, mais qui se prête aux améliorations compatibles avec les lois immuables qui régissent le monde.

Le communisme ou le système de la communauté des biens se présente comme le précurseur des tempêtes sociales. Il semble que par cela seul qu'une telle doctrine trouve de l'écho dans un Etat, qu'elle y est publiquement enseignée et applaudie, cet Etat soit en danger de périr. Cependant l'histoire, malheureusement si remplie des aberrations de l'esprit humain, montre qu'il

ne se trouve pas, pour ainsi dire, une seule
époque où elle n'ait été accueillie et propa-
gée avec chaleur, soit par des rêveurs égarés, soit par des promoteurs de troubles politiques. Nous sommes tourmentés aujour-
d'hui par le communisme ; mais hier encore,
la sage et paisible Angleterre réprimait les
tentatives de quelques fanatiques pour répandre, par le fer et le feu, cette doctrine
dans son sein. Nous pourrions remonter
ainsi d'âge en âge jusqu'au plus éloquent
des philosophes, et nous verrions la propriété
toujours exposée au doute ou à des attaques,
et toujours victorieuse.

C'est qu'en effet le droit de propriété est
l'obstacle insurmontable que rencontrent
dans la réalisation de leurs pensées ceux qui,
étrangers à la foi en une vie meilleure,
comme à la notion exacte de la nature et de
la destinée de l'homme, poursuivent la chimère d'une égalité dont l'effet, si elle pouvait
jamais s'établir, serait de détruire le principe même de la civilisation, c'est-à-dire
l'activité humaine. Cet obstacle, ils le ren-
versent sans difficulté, et chacun construit
ensuite dans les nuages sa cité nouvelle,
d'où le mal et la douleur sont à jamais bannis

pour y laisser régner en paix l'égalité et la fraternité. Voilà ce qu'on a vu et ce que l'on verra encore bien des fois. La folle ambition de corriger l'œuvre de Dieu s'emparera continuellement de quelques esprits orgueilleux, de quelques cœurs corrompus, et tous ils débuteront ou finiront dans la carrière des innovations, par prononcer un arrêt sans recours contre la propriété.

Si les doctrines socialistes séduisent les imaginations, ce n'est donc pas par l'attrait de la nouveauté; si elles alarment les amis du bon droit et de la paix publique, ce n'est pas qu'elles renferment en elles-mêmes une force mystérieuse dont l'énergie est incalculable, car nul système politique n'a été aussi souvent et aussi consciencieusement étudié, apprécié et condamné par le bon sens et l'expérience des temps passés.

Les réformateurs se trompent étrangement quand ils pensent que les principes fondamentaux des sociétés peuvent, comme les institutions politiques, être changés au gré des idées ou du caprice des peuples. L'habitude de destruction contractée par notre époque leur fait croire qu'il n'y a rien en ce monde qui ne soit à la portée de leurs coups, et qu'en vertu de la prétendue loi du progrès, l'esprit de ruine et de bouleversement ne doit s'arrêter que quand il ne restera plus rien à détruire de ce qu'ils appellent le vieux monde.

La confusion entre les principes sociaux et les principes politiques étant établie, il leur est facile d'assujétir les premiers à cette loi du progrès, et de montrer, à l'aide de notre histoire contemporaine, qu'après avoir passé par toutes les phases de leur développement et de leur décadence, ces principes touchent enfin au dernier moment de leur empire.

Il ne faut pas permettre que l'histoire, dont la mission est d'avertir et d'éclairer, devienne une menace dans la bouche de ceux qui prétendent en avoir seuls découvert l'esprit véritable.

Voici l'exposé succinct de ce système historique :

Le régime féodal qui tenait l'Europe entière sous un joug de fer, attribuait tous les avantages sociaux à deux ordres privilégiés : le clergé et la noblesse. Le peuple, réduit en esclavage, n'était considéré que comme un instrument de travail et de production.

Pour s'affranchir de la tutelle que l'aristocratie s'était arrogée sur eux, les rois s'attachèrent avec habileté et persévérance à former une classe particulière de ceux des gens du peuple qui avaient acquis avec la liberté quelque aisance et quelques lumières. On l'appela *Tiers-Etat* ou *Bourgeoisie*. Ses progrès furent rapides. Elle s'attribua l'industrie, le négoce, le commerce, la finance, elle acquit des terres, elle s'empara de l'administration des villes, de la distribution de la justice, et s'éleva enfin au rang d'une classe privilégiée, intermédiaire entre la noblesse et le peuple, et non moins ennemie de l'un que de l'autre.

L'affranchissement de l'esprit humain par la réforme religieuse, les progrès de la civilisation, la diffusion des idées de droit et d'égalité, rendaient inévitable une révolution qui effaçât les dernières traces de la féodalité et donnât à la France un gouvernement dont le principe fût l'intérêt public et non plus l'intérêt de quelques castes privilégiées. Fermement unie en cette occasion au peuple, dont elle avait besoin, la bourgeoisie provoqua et conduisit selon ses vues particulières une prétendue régénération sociale dont elle s'attribua tous les profits. Elle proclama l'égalité, non pour élever le peuple, mais pour abaisser à son niveau la noblesse; elle affranchit les terres, parce qu'elle en possédait beaucoup et qu'elle en posséda davantage lorsqu'elle se fut emparée des biens du clergé et de ceux des émigrés; elle renversa toutes les anciennes institutions politiques, civiles et judiciaires, mais se réserva la gestion des intérêts publics, dont le peuple fut écarté soigneusement. La révolution de 1789 fut donc le triomphe non de la nation, mais de la classe bourgeoise sur la royauté, l'aristocratie et le clergé. Quant au peuple, il changea simplement de maîtres.

Le brillant épisode de l'Empire eut pour effet de régulariser, d'affermir et de décorer les conquêtes de la bourgeoisie.

A la faveur des malheurs publics, les vaincus de 89 ressaisissent le pouvoir et tentent de réédifier le vieux édifice féodal. Menacée dans toutes ses conquêtes, la bourgeoisie voudrait pouvoir se défendre à l'aide de ses propres forces, mais provoquée par un ennemi que le péril a rendu téméraire, elle invoque à regret l'appui du peuple, car elle sait qu'il a grandi, qu'il s'est éclairé, et que

désormais il entend combattre pour lui-
même. La révolution de 1830 s'accomplit.

Une royauté fictive, destinée à la couvrir,
était nécessaire à la bourgeoisie, qui n'avait
pas vu sans appréhensions s'écrouler le trône
des Bourbons ; déployant donc tout ce que
l'adresse et la ruse possèdent de plus effi-
cace, elle profite de l'émotion générale et de
l'inexpérience du peuple pour réédifier sur
les ruines de la Restauration une monarchie
faite à son image, qui pendant dix-huit ans
gouverne dans son unique intérêt, la garan-
tissant contre les tentatives rétrogrades des
derniers défenseurs du principe féodal et
contre les trop légitimes ressentiments du
peuple.

Cette épreuve d'une monarchie bourgeoise
fut supportée par le peuple avec résignation ;
mais le jour où il vit ses ennemis affaiblis
par leurs divisions, dégoûtés eux-mêmes du
trône qu'ils avaient fondé, et sans foi dans
leur avenir ; il se leva, et fit à son tour,
après soixante ans de déceptions, une révolution à son profit.

Le sens de la révolution de février est
clair, aucun homme de bonne foi ne peut
le méconnaître. Le facile renversement du

pouvoir, créé en 1830, n'a pas eu pour objet de changer la forme du gouvernement de la bourgeoisie; de mettre une république bourgeoise à la place d'une monarchie bourgeoise, le suffrage universel à la place du cens électoral, mais de continuer et de terminer, par l'affranchissement complet du peuple, la grande révolution sociale, commencée au seizième siècle par la réforme religieuse et continuée au dix-huitième par la réforme des institutions politiques. Or, le peuple ne sera libre que quand il aura été soustrait à la tyrannie du droit de propriété, et appelé au partage égal de la richesse sociale. Le communisme est donc le terme fatal auquel aboutissent les agitations morales et politiques que l'Europe a éprouvées depuis trois siècles.

Telle est la substance du système historique que développent journellement les orateurs et les écrivains des sectes socialistes, et où ils croient trouver les gages d'une victoire assurée, tant les faits dont il est tissu leur semblent fortement enchaînés les uns aux autres par les déductions d'une logique rigoureuse.

A ce roman historique, nous n'opposerons

qu'un seul fait, déjà énoncé, à savoir que la bourgeoisie, cette puissance victorieuse, dit-on, en 1789, sous l'Empire, sous la Restauration, sous la Monarchie de juillet, et peut-être même sous la République de 1848, a été écrasée comme la royauté, la noblesse et le clergé, sous les ruines de l'ancienne monarchie, et que jamais depuis elle n'a donné signe de vie.

Notre première révolution anéantit, sans rien épargner, les idées, les principes et les institutions qui avaient servi à fonder et à maintenir l'ancienne société, et les remplaça par des principes et des institutions dont la base était l'égalité politique et civile la plus complète ; l'égalité telle qu'elle n'avait existé dans aucun pays, et qu'on ne croyait même pas qu'elle pût exister nulle part. Dans cette société ainsi nivelée, il n'y eut plus de classes privilégiées et non privilégiées, il n'y eut que des citoyens tous libres, tous égaux aux yeux de la loi qui, dans son amour infini de l'égalité, ne s'arrêta que devant les obstacles que la nature même de l'homme lui opposait.

Comment peut-on apercevoir au sein d'une société ainsi constituée l'ombre même de ce fantôme de bourgeoisie qu'on fait parler et agir? Le voici.

L'Assemblée constituante et la Convention ne conçurent même pas la pensée d'établir entre les citoyens l'égalité des fortunes ou la communauté des biens. Ces assemblées eurent au moins la sagesse de comprendre qu'aucun législateur ne pouvait empêcher qu'il n'existât dans une société des riches et des pauvres, et que tous ses efforts devaient tendre à ce qu'il y eût beaucoup des uns et peu des autres. Robespierre envoya à l'échafaud Hébert, aussitôt que ce forcené eut commencé de prêcher le partage des biens. Nos socialistes ont habilement choisi leur moment pour venir au monde, car le héros qu'ils adorent ne les eût certes pas épargnés. Il est vrai que quelques-uns, mieux avisés, l'appellent *la Hache de la Bourgeoisie*.

Nous ne chercherons pas si ce mot est juste, nous dirons seulement que les socialistes appliquant la qualification de *bourgeois*, non pas seulement aux riches, mais à tous ceux qui possèdent soit des biens fonds, soit un revenu quelconque, et ne vivent pas de leur labeur quotidien, il est par trop contraire à la raison et à la vérité de dire, que ces personnes dont le nombre est immense et tend, grâce à Dieu, sans cesse à s'accroître, forment dans notre société, soumise au niveau de la plus rigoureuse égalité politique, une classe à part, et que cette classe a gouverné la France et fait toutes les révolutions qui se sont succédées jusqu'à celle de 1848, dans son propre intérêt et en haine du peuple, ou pour mieux dire des ouvriers de Paris.

L'explication de nos interminables révolutions n'est, hélas! que trop facile à donner. Non, ce n'est pas une classe particulière de la nation, c'est la nation tout entière qui les a provoquées et accomplies, et le mal n'en est que plus grand. Les Français ont cru qu'en rompant sans retour avec toutes les traditions du passé, ils jouiraient d'une complète liberté dans la reconstruction de leur société, qu'ils prétendaient asseoir sur les bases indestructibles du droit naturel pur, ne se doutant même pas que ce sont les mœurs seules qui peuvent servir de fondement aux lois et aux institutions, et que tout ce qui se fait sans elles ou contre elles ne saurait subsister. Recueillant sans cesse les plus cruelles déceptions, ils ont essayé et se sont dégoûtés de tout, élevant, renversant, regrettant tour à tour la liberté, l'anarchie et le despotisme, comme si rien ne pouvait plus désormais satisfaire et ranimer leurs imaginations épuisées. Ne cherchez pas l'explication d'une si lamentable infortune dans l'égoïsme d'une classe imaginaire de la société, elle se trouve dans le génie de la nation, sorti, pour n'y pas rentrer de long-temps, des voies qui conduisent au repos, au bonheur et à la puissance.

Le système historique des socialistes, qui représente l'abolition de la propriété comme la conséquence logique des révolutions successives que la France a subies depuis soixante ans, ne peut donc effrayer que les esprits inattentifs, trop prompts à s'émouvoir de l'apparence des choses. Ajoutons que ce système ne leur appartient même pas et qu'ils l'ont emprunté à une école politique qui, cédant aux fascinations du pouvoir et à l'entraînement de ses propres idées, ne s'est pas aperçue qu'elle fournissait, en le créant, une arme puissante à ses plus implacables ennemis.

Lorsque sous le dernier règne, l'école doctrinaire parvint aux affaires, elle caressa l'idée de l'existence réelle d'une bourgeoisie, d'une classe moyenne. La constitution ne reconnaissait qu'à un petit nombre de citoyens le droit de suffrage dans les élections; l'école doctrinaire se servit de ce privilége pour transformer les électeurs, avec leur famille et leurs clients, en un parti politique, auquel appartenait le soin de diriger le gouvernement du pays et de garantir la dynastie. Elle voulait sans doute que ce parti fût l'ami de la liberté, le défenseur fidèle des grands intérêts et de la gloire du pays; mais elle eut la douleur d'apprendre, le 24 février, que le pivôt de sa politique, l'objet continuel de ces prédilections et de ses flatteries n'existait même pas, et que cette création de pure fantaisie n'avait eu d'autre effet que de jeter dans le sein de la société un germe de discorde de plus, tant il est dangereux pour les hommes qui gouvernent les Etats de se laisser entraîner par leur imagination ou par la faculté de généraliser les idées au delà des faits réels.

Les doctrines propagées par les communistes, ou les socialistes n'ont, avons-nous dit, absolument rien de neuf; ce sont ou de ces cris d'envie et de haine comme en poussent, à toutes les époques de désordres, les mécontents, les agitateurs, les factieux, ou de ces rêves d'âge d'or, si doux pour les esprits qui se plaisent dans les espaces imaginaires. Ces idées n'ont pas été rendues plus réalisables qu'elles ne l'étaient précédemment par les bouleversements que la France a subis depuis soixante ans, et en particulier par la révolution de Février, quoique celle-ci se dise une révolution sociale. Voilà ce que nous croyons avoir démontré. Il faut maintenant envisager la question en elle-même, en faisant abstraction de temps et de lieu, et dire dans quel ordre d'idées nous puisons la conviction que le principe de la propriété est inébranlable, que tous les efforts que l'on fera pour le renverser sont et resteront vains, et qu'on peut lui appliquer cette parole de saint Mathieu : « Celui qui s'atta- » que à cette pierre s'y brisera. »

Dieu ayant créé l'homme pour qu'il vive en société, a placé en lui deux sentiments qui seuls rendent cette destinée possible : ces sentiments sont l'amour de la famille et l'idée de la propriété. Aussitôt que l'homme peut faire quelque usage de sa raison, il révèle l'empire que ces sentiments exercent sur sa pensée et sur ses actions, et pendant

tout le cours de sa vie il n'y demeure jamais
étranger. Les usages qu'il adopte, les lois
qu'il rédige, les institutions qu'il fonde n'ont
pas d'autres bases, et l'histoire atteste que
les empires ont été d'autant plus solides et
florissants, que leurs législateurs s'étaient
montrés plus habiles à développer et à diriger ces deux sources de l'activité humaine,
et par conséquent de la civilisation.

S'il est impossible de découvrir un homme
dans le cœur duquel ne repose pas le principe du droit de propriété, si l'histoire du
monde déclare que pas un peuple, puissant
ou faible, civilisé ou barbare, n'a existé, en
quelque lieu que ce soit, sans le reconnaître
et l'appliquer, on sera conduit à déclarer
que la propriété est une institution non pas
humaine, mais naturelle, nécessaire, préexis-
tante, et qu'il serait aussi insensé d'en at-
tribuer la découverte et l'établissement à
quelqu'un, que de prétendre que tel ou tel
philosophe, tel ou tel moraliste a inventé la
notion du bien et du mal, du juste et de
l'injuste, et celle d'un Dieu rémunérateur.

L'existence des droits naturels se prouve,
non par l'étude abstraite de la nature humaine, dont les résultats nécessairement in-

certains peuvent toujours être contestés, mais par l'assentiment universel de tous les hommes, contre lequel aucune voix ne saurait prévaloir. Jusqu'au moment où l'on aura nommé une nation qui ait pu subsister un seul jour sans posséder et mettre en pratique l'idée de la propriété, idée qui a traversé tous les siècles, et résisté à toutes les révolutions morales et intellectuelles, nous soutiendrons que Dieu n'ayant pas créé l'homme pour qu'il traînât au sein de l'isolement une vie impossible, en a placé dans son esprit la vive et impérissable connaissance.

Les socialistes prétendent que l'idée de la propriété est une erreur, un préjugé, imposé, dans l'origine, par la tyrannie de quelques-uns à la faiblesse ou à l'ignorance du plus grand nombre, et que les siècles se sont transmis les uns aux autres, comme ils se sont légués l'idolâtrie, l'esclavage, et toutes les erreurs apanage de la vieille société. Les plus fameux philosophes de l'antiquité, disent-ils, ont regardé l'esclavage comme une institution nécessaire dans tout état bien bien constitué ; or, ce détestable préjugé, fruit de la violence, s'est peu à peu affaibli, et bientôt, grâce au progrès de la raison et de la fraternité, il aura cessé d'exister. Il en sera de même de cet autre préjugé, non moins injuste, non moins odieux, non moins fécond en maux et en humiliations de tout genre, qu'on nomme *la propriété.*

Quoi de moins fondé que cette analogie entre l'esclavage et la propriété? Jamais l'esclavage n'a régné sur toute la terre comme une institution indispensable au maintien des sociétés. L'histoire nous désigne des régions entières où il resta toujours inconnu, et aujourd'hui même, quand des navigateurs abordent pour la première fois à quelque île égarée de l'Océanie, ils y trouvent non pas l'esclavage, qu'on ne rencontre jamais au premier degré de la civilisation, mais l'idée de la propriété dominant avec une énergie déréglée et sauvage.

Les adversaires du droit de propriété croient triompher quand ils opposent à l'existence de ce droit l'abus que les hommes en font, quand ils disent et développent, même dans de longs traités, que la propriété est homicide, qu'avec elle la société se dévore, qu'elle est mère de la tyrannie, de l'inégalité, de la véritable sociabilité, et qu'elle seule met obstacle au rapide accroissement de la richesse et du bonheur des nations. Que prouvent ces attaques, inspirées par les passions du moment, et non par l'amour sincère de la vérité, contre l'origine du droit? Ne savons-nous pas que Dieu a fait l'homme libre afin que ses actions fussent méritoires, et que trop souvent celui-ci tourne contre lui-même les bienfaits de son créateur. Oui, sans doute, l'homme abuse du droit de propriété, et de cet abus naît la guerre et les conquêtes, le vol et l'homicide si vous voulez; mais il abuse aussi de sa liberté et de son génie. Direz-vous que ces dons précieux sont de détestables habitudes que l'homme a contractées et dont il peut s'affranchir.

Le but des lois, l'objet des efforts de tout sage législateur, est de régler l'exercice du droit de propriété et ses conséquences si générales et si variées, de la manière la plus conforme à l'intérêt public; mais l'expérience de tous les siècles atteste que, quand le législateur, se méprenant sur l'étendue de son pouvoir, essaie de franchir les limites qui séparent les droits civils des droits naturels, il rencontre un écueil formidable, et vient s'y briser. Ce que je dis du législateur, je le dirai avec plus de force encore des utopistes, socialistes, communistes ou autres. Ils peuvent regretter que Dieu ait si mal créé le monde et l'homme, et essayer de corriger leur nature ; mais qu'ils le sachent bien, il serait plus facile de changer le mouvement des astres et le retour des saisons, que de détruire les sentiments placés par Dieu même dans le cœur de l'homme.

Si la propriété n'était pas de droit naturel et une des conditions d'existence de toute société, il y a long-temps que les perpétuelles variations dans les idées, les mœurs, les intérêts et les gouvernements des peuples l'auraient renversée au moins quelque part et avec d'autant plus de facilité qu'elle a toujours été et qu'elle sera toujours l'objet des attaques violentes de ceux qui poursuivent, sans se lasser, l'éternelle chimère de l'égalité des biens et des conditions.

Croire que l'homme si prompt, si mobile, si divers, a pu supporter patiemment, depuis l'instant de sa création, toutes les conséquences d'une erreur, mère de tant de penchants coupables, de tant de vices, de tant de crimes, c'est de la part de philosophes qui proclament la souveraineté de la raison et la perfectibilité indéfinie de la nature humaine, accorder au mensonge une autorité que nous lui refusons, nous qui cependant croyons que l'homme ne doit point se fier aux lumières incertaines de ce que, dans son orgueil, il appelle sa raison, ni se bercer de l'espérance d'arriver un jour à la perfection. L'homme est un être déchu, qui traîne après lui les signes de sa déchéance; mais cette déchéance est comme celle des rois, empreinte de majesté et d'un reste de puissance; or, ce serait outrager cet être, grand encore dans sa petitesse, que de supposer qu'il n'aurait pas eu, depuis le moment où il est sorti des mains de son Créateur, le courage et le bon sens de condamner l'erreur qui, entre toutes les autres, devait opposer à son bonheur les plus insurmontables obtacles. L'homme est peu de chose, nous en convenons, mais il vaut mieux encore que ne le pensent les socialistes.

Le socialisme peut exercer dans la société de grands ravages, rendre pour long-temps impossible le retour du calme et de la sécurité; il peut, par des mesures violentes et d'odieux attentats, entraver le libre exercice du droit de propriété, mais il ne pourra rien contre le principe même de ce droit, qui s'enracinera d'autant plus profondément dans les idées et dans les mœurs qu'on le menacera davantage. Les socialistes ressemblent à ces infortunés chez lesquels la raison s'est changée en fureur, et qui, après avoir brisé tout ce qui tombe sous leur main, tournent contre les murs de la cellule où ils sont enfermés leur rage impuissante.

Les niveleurs de 1793 étaient eux aussi des socialistes, supérieurs même à ceux de nos jours par la conviction et l'audace. Nourris des sophismes du *Contrat social,* dépourvus de toute expérience, persuadés que la gloire de faire régner sur la terre l'égalité absolue leur avait été réservée, ils entreprirent contre la propriété tout ce qu'il était possible de tenter. Ce serait injustice que de leur reprocher sur ce point quelque timidité. Et cependant leurs grands desseins, leurs merveilleuses innovations, aboutirent en définitive à un acte, fréquent dans les temps de guerres civiles, qui attentait, avec la plus criante injustice, aux droits d'une classe de propriétaires, sans toucher cependant au principe de la propriété, nous parlons de la confiscation et de la vente des biens des émigrés et des condamnés.

La première révolution avait opéré en très-peu de temps une métamorphose complète dans les idées, les sentiments, les mœurs, les opinions de la nation, et il était permis de penser que cette nation si complètement renouvelée ne jugerait pas la dépossession violente de l'aristocratie avec les anciennes idées d'équité, qui semblaient le privilége aboli d'une autre civilisation. Erreur profonde ! le droit de propriété avait été indirectement atteint, et il n'en fallut pas davantage pour jeter au sein de la société nouvelle des ferments de discordes, des germes de haines, des pensées de révolution, qui furent pour le pays une cause de troubles et d'appauvrissement, et pour tous les gouvernements une source de difficultés et de périls, jusqu'à ce qu'enfin un acte réparateur exigé par la conscience publique et par l'intérêt général eût effacé jusqu'au souvenir de l'injustice commise, non contre la propriété en principe, non contre tous les propriétaires, mais contre une certaine classe de propriétaires depuis des siècles le but des attaques de la royauté, de la bourgeoisie et du peuple, et qui venait d'être décimée et proscrite. Les tentatives de la révolution contre la propriété ont en définitive tourné au profit de celle-ci. Semblable au fer placé sur l'enclume, elle s'affermit par les coups qu'elle reçoit.

Les socialistes reconnaissent que la société a fait depuis dix-huit siècles de sensibles progrès vers le bien. L'avénement du christianisme, l'abolition de l'esclavage, l'extinction de la féodalité, la réforme religieuse et la révolution française leur semblent des événements heureux qui ont préparé l'affranchissement complet de l'humanité. Or nous les supplions de remarquer que le droit de propriété n'a cessé de s'étendre et de s'affermir, sous l'influence de ces événements, et qu'il possède de nos jours mille fois plus de puissance qu'il n'en avait du temps des Romains. N'est-il pas évident que ce droit est le principe même de la civilisation, qu'il grandit avec elle, et qu'il n'a pas d'autre adversaire naturel que la barbarie ?

Enlever les biens de ceux qui possèdent pour les donner à ceux qui ne possèdent pas, lesquels deviendront des propriétaires, tout aussi exclusifs, tout aussi jaloux de leurs droits que leurs prédécesseurs, voilà ce que peuvent exécuter l'esprit révolutionnaire et le socialisme unis ensemble, mais à la condition d'allumer au sein de la société qu'ils seront parvenus à fonder des haines et des ressentiments qui rendront la paix et l'ordre impossibles, et avec lesquels il faudra tôt ou tard capituler au profit du droit de propriété ; car on n'étouffe pas un droit naturel ni le sentiment qu'il enfante.

Dans l'un des plus beaux discours qu'il ait prononcés au parlement d'Angleterre contre la révolution française, ou plutôt contre ses excès et ses spoliations, M. Pitt exprimait une pensée profondément juste, quand il disait : « Un fils peut passer sans tressaillir près du tombeau de son père injustement mis à mort, mais il ne s'assiéra jamais à l'ombre de l'arbre que son père a planté et dont ses ennemis l'ont dépouillé, sans sentir bouillonner dans son cœur la colère et la soif de la vengeance. » Ainsi l'homme est fait ; changez sa nature, ses besoins, ses instincts, les lois en vertu desquels il fonde une famille, une commune, un Etat, et ensuite vous pourrez déclarer que la propriété est un attentat, un crime, un vol ; jusque-là vos efforts et votre génie pourraient être tout aussi utilement employés à faire rétrograder un fleuve vers sa source, ou à empêcher que les corps solides n'obéissent à la loi d'attraction.

Je ne considère le système des réformateurs actuels que dans son aspect général et théorique; car, si je descendais à l'application que chaque chef de parti ou de secte essaie d'en faire, je serais forcé d'examiner sérieusement des projets auxquels il est douteux que leurs auteurs attachent eux-mêmes quelque importance. Celui-là prétend réformer le monde à l'aide de bons mots et de plaisanteries d'un goût suspect, celui-ci au moyen de menaces grossières, cet autre en employant les formules d'un mysticisme de convention. Les uns restent dans le domaine de l'abstraction et en appellent au temps, les autres mettent immédiatement la main à l'œuvre. Tous s'accablent réciproquement de reproches et d'injures. Jamais doctrine n'a été aussi involontairement discréditée par ses propagateurs; et, si elle triomphe, ce sera très-certainement par ses propres forces. Aussi éprouve-t-on un sentiment profond de douleur et de pitié, lorsqu'on entend ces novateurs, qui presque tous prétendent fonder, comme complément de leurs réformes politiques, des religions nouvelles, soutenir hardiment qu'ils ont puisé leurs idées à la source où nous allons nous-mêmes solliciter avec respect les enseignements de la vérité. Est-ce profanation ou impiété pure? Est-ce un aveu indirect de l'impuissance où ils sont de soutenir la lutte sans dérober à leurs adversaires l'arme la plus redoutable dont ceux-ci puissent se servir ? Nous l'ignorons ; mais le scandale est certain, public, et nous ne saurions passer sous silence le sentiment qu'il excite en nous.

J'aborde ici une discussion pénible, où le droit de porter la parole en l'honneur de la vérité outragée semble être le devoir et la prérogative des hommes de paix et de science auxquels appartient la garde de nos croyances. Mais dans un temps où l'attaque se montre infatigable et revêt les formes les plus perfides, aucun secours, ne fût-il offert que par la bonne volonté, ne doit être dédaigné. Au surplus, il ne s'agit pas, en ce moment, de réfuter quelque interprétation vicieuse de nos dogmes, quelque hérésie cachée, mais de flétrir des profanations commises au grand jour, avec une incroyable audace, et dont souffrent tous les cœurs honnêtes.

Les doctrines socialistes ont évidemment pour effet, l'état de la France le prouve, de rendre tout gouvernement stable et régulier impossible, de bannir de la société l'ordre, la paix, le travail; de semer entre les citoyens la discorde, la haine, l'inimitié, et d'allumer la guerre civile aussitôt qu'on essaie de les faire passer de la théorie à l'application. Les socialistes en conviennent et déclarent que ces maux sont inévitables et nécessaires pour arriver enfin à la destruction du vieux monde, mais ils prétendent que les idées qui enfantent de telles conséquences, ces idées de lutte, de guerre, de discorde, d'antagonisme universel, sont d'autant plus assurées de triompher de l'inutile résistance de quelques intérêts coalisés, qu'elles ont été annoncées au monde par la voix même du Christ. Et de plus, ils répètent cette vieille impiété, tant de fois foudroyée, à savoir que l'Evangile est le code de la démagogie.

J'ai sous les yeux un livre singulier, et qui atteste à lui seul le délire d'imagination et l'ignorance de ces régénérateurs de la science sociale. Il mérite, à ce titre, d'être signalé. L'auteur suppose qu'après les déplorables journées du mois de juin 1848, le ministère public traîne devant les conseils de guerre les écrivains qui ont provoqué, par des publications incendiaires, cette abominable insurrection, prélude des félicités réservées par le socialisme à l'humanité ; or, ces écrivains ce ne sont pas les orateurs de cent clubs et les rédacteurs de cent journaux que nous pourrions citer, ce sont les Pères de l'Eglise, saint Basile, saint Jean Chrysostôme, saint Ambroise, saint Grégoire, etc.; ce sont les Apôtres eux-mêmes, qui comparaissent devant la justice militaire pour répondre de leurs attaques contre la paix publique, l'ordre, la propriété, et des efforts qu'ils ont faits pour semer la discorde entre les citoyens, et armer les pauvres contre les riches. De nombreuses citations de ces saints auteurs viennent à l'appui des prétendues réquisitions du procureur-général.

Cette bouffonnerie, très-concluante, nous n'en doutons pas, pour les esprits auxquels elle s'adresse, prouve, quant à nous, que les chefs du socialisme n'entrevoient même pas les fondements d'une religion dont ils auraient dû étudier au moins l'esprit général, puisqu'ils veulent en abuser contre elle-même et contre la société chrétienne, ne fût-ce que pour ne pas donner le témoignage d'une exiguité de savoir peu compatible avec le rôle de réformateurs. Quand on prétend renouveler une société, il faut au moins connaître la religion qu'elle professe. Qu'ils nous permettent donc de leur montrer que les doctrines contenues dans l'Evangile, et développées par les Pères de l'Eglise, n'ont absolument rien de commun avec la démagogie, et qu'il leur est défendu de s'en prévaloir pour appuyer des idées que la conscience humaine a toujours condamnées et flétries chaque fois qu'elles ont effrayé le monde par leur apparition.

Nous pensions qu'il suffisait, pour faire justice de ces profanations, de renvoyer ceux qui les commettent à *la Politique tirée de l'Écriture sainte,* par Bossuet, ouvrage admirable, dans lequel l'auteur commande, sans toujours être obéi, le silence à son génie et à son éloquence, afin de laisser éclater la véritable pensée politique du christianisme, et où les vrais et impérissables principes du gouvernement des nations sont exposés avec une clarté et une profondeur dont n'ont pu approcher les plus célèbres publicistes. Mais avec quel sourire dédaigneux, avec quelle pitié nos socialistes n'accueilleraient-ils pas ce livre destiné à l'instruction d'un prince appelé au souverain pouvoir par son droit de naissance, où il est dit que les peuples ont besoin de frein contre eux-mêmes, de s'imposer des lois, de se donner des magistrats absolus, pour se préserver des maux affreux de l'anarchie; que leur intérêt et celui des souverains est la limite naturelle de la souveraineté ; qu'ils doivent être contenus par la religion, et qu'ils ont je ne sais quoi d'inquiet, si on leur ôte ce frein, etc. ? Entre de telles idées et celles que nous combattons, ne se trouve-t-il pas un abîme qui rend la discussion même impossible. Quoiqu'il ne l'eût jamais vue à l'œuvre, Bossuet devinait la démagogie, ses folies, ses fureurs, ses crimes, et maintes fois il la flétrit en l'appelant par son nom. Mais le socialisme, tel qu'il est prêché de nos jours, nous ne craignons pas d'affirmer que Bossuet eût été impuissant à en prévoir l'apparition future, dans le pays qu'il illustrait par son génie.

Bossuet rencontra dans le ministre protestant Jurieu un adversaire très-avancé dans les doctrines républicaines, car Jurieu soutenait que le peuple est souverain, à ce point qu'il peut déposer les rois, et changer la forme de son gouvernement sans qu'il lui soit nécessaire d'avoir raison pour valider ses actes. C'était aller bien loin. Cependant Jurieu ne crut certainement pas qu'on pût jamais déduire des doctrines évangéliques l'égalité politique et sociale, la communauté des biens, le droit au travail et toutes les félicités dont on nous menace en ce moment.

Les socialistes repousseraient donc l'autorité de Jurieu ou des Calvinistes républicains, comme ils repoussent celle de Bossuet ou des catholiques amis du principe monarchique, car ils prétendent mieux connaître l'esprit du christianisme que les catholiques et que les protestants ; et cependant il est aisé de montrer, sans appeler à notre secours aucune autorité, qu'ici encore ils se contentent de réchauffer, fort inutilement, ce semble, les prétentions de la vieille école révolutionnaire à ne rien professer qui ne soit une déduction logique des doctrines du Christ, prétentions plus insensées encore qu'impies et inexplicables d'ailleurs dans une secte qui a tant de droits à se dire originale, excentrique et sans autres liens avec le passé

que le culte de préjugés, d'erreurs et de passions, condamnés depuis long-temps par la
voix des siècles.

Bornons-nous donc à traiter dans les limites qui nous sont marquées cette simple
question : Le christianisme a-t-il quelque
rapport avec le principe démocratique tel
que le conçoivent les socialistes?

Les États dans lesquels le peuple en corps
possède la souveraine puissance, où les dé-
mocraties reposent sur le principe de l'égalité de droits et de devoirs entre les citoyens,
c'est-à-dire sur l'égalité politique. Ce principe est d'une application difficile et péril-
leuse, car il déchaîne les volontés individuelles et se flatte d'obtenir la paix et l'ordre
par le contrepoids que se font les unes aux
autres ces volontés contraires ou ennemies.
Cependant le monde a sous les yeux l'exemple d'une nation qui grandit en puissance
et en prospérité à l'ombre de ce principe,
mêlé, il est vrai, par une singulière et triste
contradiction, à celui de l'esclavage, mais
cet exemple est le seul.

Les socialistes regardent avec dédain l'é-
galité politique, c'est l'égalité sociale qu'ils
exigent. La société a été instituée, disent-ils,

afin que les associés recueillent une part égale des bienfaits de l'association. En lui attribuant l'exercice des droits politiques, rendez-vous le pauvre moins malheureux, moins esclave du riche, moins mécontent de sa destinée ; mettez-vous un terme à l'existence du prolétariat, « à l'exploitation de l'homme par l'homme, à ces résultats iniques, monstrueux, homicides, d'un système inhumain, païen, barbare, attaqué dans sa base il y a dix-huit cents ans par la grande explosion de la doctrine de liberté, d'égalité et de fraternité que le Christ a apportée à la terre ? » La véritable égalité, la seule digne de ce nom, est donc l'égalité des avantages sociaux, ou pour s'exprimer plus clairement, l'égalité des biens : de celle-ci naîtra sans efforts l'égalité des droits et des conditions, et une société réellement chrétienne où la fraternité ne sera pas un vain mot ou un odieux mensonge.

Serait-il vrai que depuis dix-huit siècles l'Eglise se fût trompée sur le sens des doctrines révélées au monde par Jésus-Christ ? Serait-il vrai que dans ces deux commandements, en quoi consistent toute la loi et les prophètes : « Tu aimeras le Seigneur ton Dieu de tout ton cœur et ton prochain

comme toi-même, » se trouve comprise l'é-
galité telle qu'elle vient d'être définie ? Serait-il vrai que la charité, cette vertu mère
de toutes les autres, qui confond les cœurs
dans une pensée non de jouissances terres-
tres, mais d'éternité, soit un niveau passé sur
toutes les inégalités de droits, de conditions,
de fortune ? Serait-il vrai enfin que la loi du
Christ, douée d'une irrésistible puissance, et
que les plus profonds génies dont l'humanité
puisse s'enorgueillir, ont, avec tant de respect et de fidélité, recueillie et interprétée,
ait traversé, méconnue, dix-huit siècles, at-
tendant notre époque pour briller dans sa
vérité et son éclat ? La réponse à ces ques-
tions est facile et a été faite bien des fois.

Dieu a dit à l'homme : « Tu travailleras à
la sueur de ton front; » et afin de faciliter
l'exécution de cette sentence, il l'a doué du
caractère de sociabilité. Si tous les hommes
eussent reçu une part égale de force et d'intelligence, leur génie aurait été de l'instinct,
et dépourvus d'émulation, d'ardeur, d'originalité, d'invention, ils auraient traîné, au milieu d'une exubérance de force, une vie
inactive et continuellement mourante. L'inégalité des forces physiques et de l'intelligence

enfanta entre les hommes l'inégalité des biens
et des conditions. L'homme étant libre et
portant au fond de son cœur, écrite en caractères ineffaçables, la notion du juste et
de l'injuste, possédait tous les moyens nécessaires pour étouffer les germes de haine et
de discorde renfermés dans le principe de
l'inégalité. Mais il se laissa aller sans résistance sur la pente du mal, et tourna contre
lui-même les bienfaits de son créateur. Il y
avait dans le monde des riches et des pauvres, des puissants et des faibles, des heureux et des malheureux ; mais ils étaient de-
venus ennemis les uns des autres. Le riche
jouissait avec orgueil de son opulence, sans
daigner jeter un regard sur les infortunes de
son semblable tombé dans la misère. L'homme
fort et redouté imposait les chaînes de l'esclavage à ceux qu'il avait vaincus ou qui ne
pouvaient se défendre eux-mêmes. L'inégalité naturelle était aggravée par des inégalités sociales qui séparaient les fils du même
père en races distinctes, hostiles les unes
aux autres. Sur cet antagonisme universel se
fondaient les lois, les institutions et les empires, et le sentiment de la fraternité étant
banni de la société humaine, le droit natu-

rel, dont toutes les règles avaient pour but le bonheur de l'homme, devenait une source d'injustice et de maux. La sociabilité, ce sentiment qui porte l'homme à fuir l'isolement et à unir ses pensées, ses forces et ses intérêts à ceux de ses pareils, enfantait l'envie et la guerre. Le droit de propriété excitait dans les cœurs l'avarice, la cupidité, et provoquait des crimes que les lois essayaient de réprimer, mais qu'elles ne pouvaient prévenir. La lutte était partout, entre les individus comme entre les nations, la paix nulle part ; et cependant le monde fier de ses faiblesses et de ses vices, fruits d'une fausse civilisation, dont l'éclat trompeur l'étourdissait, marchait avec assurance dans des voies où il ne rencontrait que déception et malheur.

Alors le Christ parut sur la terre, non pour changer les lois éternelles qui régissent le monde, mais pour ramener les hommes à la connaissance du vrai Dieu et à la pratique d'une vertu qui à elle seule est toute la loi et les prophètes, et dont l'oubli avait transformé la société humaine, société de frères, en une société d'ennemis, appuyée sur l'oppression et sur la violence.

Il rappela aux hommes qu'ils étaient frères,

et devaient s'aimer, se secourir, s'aider les uns les autres, afin d'alléger en ce monde leurs communes misères et de mériter la vie éternelle, mais il ne leur dit pas qu'il venait les rendre tous égaux, et abolir l'inégalité de force, d'intelligence, de biens et de conditions qui régit et régira éternellement les sociétés, parce que la loi de charité suppose l'inégale répartition des biens du monde ; elle suppose des puissants, des riches, des heureux disposés à abuser de leur pouvoir ; des pauvres et des malheureux disposés à puiser dans leur faiblesse et dans leur infortune des sentiments d'envie et de haine contre les favoris du siècle. S'il n'existait ni force ni faiblesse, ni puissance ni abaissement, ni richesse ni pauvreté, et que les hommes fussent tous égaux en droits et en biens, le monde ne serait plus ce qu'il est, la charité manquerait d'objet, et nous chercherions en vain la pensée de l'Evangile.

Il n'est rien de plus beau et de plus consolant que la parabole de Lazare, destinée à montrer le malheur des riches et l'avantage des pauvres. Le pauvre mourut et fut emporté par les anges dans le sein d'Abraham. Le riche mourut aussi, et il eut l'enfer pour tombeau, et comme il se plaignait, Abraham lui répondit : « Mon fils, souvenez-vous que vous avez reçu vos biens dans votre vie, et que Lazare n'y eut que des maux ; c'est pourquoi il est maintenant dans la consolation et vous êtes dans les tourments. »

Si Jésus-Christ est venu annoncer le règne de l'égalité sur la terre, pourquoi ces consolations données au pauvre et ces avertissements adressés au mauvais riche? Pourquoi cette perspective d'une égalité céleste présentée sans cesse comme un secours et un réconfort à ceux qui souffrent de l'inégalité humaine? Pourquoi cette place réservée dans le ciel aux petits, aux humbles, aux misérables, à tous ceux qui en ce monde auront, comme Lazare, vécu dans la pauvreté et l'humiliation, si, à la parole du Christ, doit naître une société où il n'y aura ni grands ni petits, ni riches ni pauvres? Oui, l'Evangile proclame l'égalité, mais cette égalité n'est pas celle des biens de la terre ; oui, il proclame la fraternité, mais ce sentiment serait inefficace et stérile, si personne ne devait plus souffrir ici-bas de l'inégalité des conditions ; oui, Jésus - Christ promet le royaume de Dieu, un royaume qui n'est pas de ce monde, aux pauvres et à tous ceux qui pleurent, et dit malheur aux riches qui mettent leur confiance dans les richesses, ferment leur cœur à la sympathie, à la pitié, à la miséricorde, à cette voix intérieure qui toujours proteste contre l'égoïsme et l'avidité, mais il ne dit pas qu'après l'accomplissement de sa mission, il n'y aura plus sur la terre ni bien ni mal, ni pauvreté ni richesse, parce qu'il ne venait pas changer l'ancienne loi, mais rappeler les hommes à son exécution.

Puisque l'Evangile repousse la doctrine de l'égalité des conditions, de quel droit les partisans de la démagogie, c'est-à-dire de l'égalité poussée jusqu'à ses dernières conséquences, prétendent-ils appuyer sur son autorité leurs erreurs et leurs projets ? Qu'y a-t-il de commun entre leurs croyances et les idées d'amour et de paix qui coulent de cette source bienfaisante ? Ils peuvent s'emparer des sévères avertissements adressés par Jésus-Christ, par les Apôtres et par les Pères de l'Eglise, aux riches égoïstes, avares, insensibles, aux oppresseurs des faibles, à tous ceux qui abusent du pouvoir que Dieu leur a remis sur leurs semblables, pour déchaîner les passions d'une populace crédule et lui faire croire que c'est au mépris de la loi du Christ qu'il existe encore ici-bas des hommes riches, heureux et puissants, quand il y en a tant de condamnés à la misère et à l'obéissance ; mais leur voix tombera sans écho, comme sont tombées d'autres voix plus fortes, plus habiles, plus éloquentes que le génie des révolutions avait suscitées contre la vérité.

Que les consciences faibles et timides se rassurent donc. L'idée fondamentale du christianisme est la négation même des théories socialistes, et lorsque les propagateurs de ces théories font un hypocrite appel à l'Evangile, ils montrent que pour séduire quelques intelligences incultes, rien ne leur coûte, pas même le plus criminel outrage à la parole divine. Laissons-les se repaître, eux et leurs adeptes, d'ignorance et de mensonges, et que la confiance redouble dans une religion sans laquelle il ne peut régner sur la terre ni paix, ni concorde, ni véritable fraternité.

Le socialisme, je viens de le prouver, ne possède en lui-même aucune originalité, au-

cune force, et sa prétention d'en emprunter
à nos dogmes religieux est insensée, si toutefois elle est sérieuse. Quelles que soient ses
espérances, il ne détruira pas le droit de
propriété, il n'abolira pas la famille, il ne
fondera pas dans les sociétés l'égalité des
conditions, parce que la puissance de l'erreur est limitée, et qu'elle ne peut prévaloir
contre les lois qui régissent le monde.

Cependant les socialistes les plus ardents
affectent dans leur langage une certitude de
voir triompher prochainement leurs idées
qui ne laisse pas que de troubler les esprits
craintifs, disposés à redouter tout dans le
temps où nous vivons. Survient-il, au milieu de nos continuelles variations politiques, quelque événement défavorable à leur
cause, « Tant mieux, s'écrient les novateurs,
le réveil en sera plus terrible ! » Ils ont toujours sur les lèvres ces mots : « Le socialisme
est plus fort que vous. Il est vivant et vous
êtes des morts. » Ou bien : « La fin de l'antique civilisation est venue ; sous un nouveau soleil, la face de la terre va se renouveler. Laissons une génération s'éteindre. »
Ce langage plein de jactance et d'audace
n'est au fond qu'une tactique habile, em-

ployée pour duper et attirer à eux une multitude aveugle, incapable de juger les idées qu'on jette en pâture à ses colères et à ses appétits.

Le désordre qui règne en ce moment dans les esprits, l'ébranlement causé aux imaginations par une révolution imprévue, peuvent avoir fait concevoir à quelques socialistes plus enthousiastes que réfléchis, des espérances sans bornes; mais leurs maîtres voient plus froidement et mieux les choses, et ne se font pas d'illusion sur la puissance des obstacles qui s'opposent à l'application de leurs systèmes. Naguère l'un d'eux, et des plus célèbres, disait : « La nomination de L. Bonaparte à la présidence de la République retarde de cent ans l'avénement du socialisme. » Aveu singulier et qui montre que les hommes intelligents de ce parti n'ont pas une foi très-vive dans le succès de leurs idées, qu'ils annoncent cependant avec éclat chaque fois que dans leurs clubs ou dans leurs banquets ils portent la parole. A l'exemple des grands philosophes de l'antiquité, ils ont deux doctrines : l'une publique, l'autre secrète.

Doit-on conclure de ce que nous venons

de dire que ce sont des doctrines bizarres, chimériques, mais stériles, comme il en apparaît à toutes les époques où l'esprit de l'homme rompant les liens de la religion s'abandonne aux rêves et aux caprices de son orgueil, et qui, après avoir agité les imaginations, excité en elles les plus folles espérances, et inquiété quelques moments la société, iront s'engloutir dans le vaste océan des erreurs humaines, ne laissant d'autre trace de leur passage qu'un vain bruit et qu'une légère fumée? Il ne faut pas s'abandonner, sur ce point, à des illusions dont les conséquences seraient fatales.

Les doctrines nouvelles ne détruiront ni la famille, ni la propriété, ni les fondements de notre civilisation; mais elles sont et elles resteront long-temps encore l'élément le plus puissant de lutte et de désordre dans un pays qui ayant vainement cherché depuis plus d'un demi-siècle à fonder dans son sein un pouvoir et des institutions durables, a pris le parti de distribuer la souveraineté entre tous les citoyens, et d'abandonner ses destinées aux caprices des volontés individuelles. Dans une aussi étrange organisation sociale, chaque parti, sans exception, peut espérer la victoire, et il est évident que le parti socialiste qui possède le monopole de l'idée-mère des guerres civiles et des révolutions : de la haine de ceux qui possèdent contre ceux qui ne possèdent pas, a plus de chances qu'aucun autre de s'emparer du pouvoir par un coup de main heureux, pour expérimenter ensuite sur la société vaincue. Ses armes sont nombreuses et éprouvées. Il entretient dans l'esprit de la population manufacturière de Paris, de celle qui sait si bien exécuter à jour dit une révolution, l'agitation et d'indomptables colères, à l'aide de journaux distribués à vil prix aux ouvriers en possession des bienfaits de l'instruction primaire. Pour ceux qui sont privés de ces bienfaits, il ouvre des clubs, dresse des banquets, véritables ateliers d'insurrections, où à la face d'une société moralement désarmée, l'ordre de bataille s'arrête, les commandements sont distribués et les fusils chargés. Si, à ces éléments de force, vous joignez l'appui que le parti socialiste reçoit de toutes les factions démocratiques et révolutionnaires, ainsi que l'incertitude, la mollesse et la désunion des bons citoyens toujours destinés à succomber, quoique les plus nombreux et les plus forts, parce qu'ils n'ont pas pour faire le bien la moitié de l'intelligence de leurs adversaires pour faire le mal, vous serez contraint de reconnaître qu'une insurrection plus heureuse que la dernière pour les socialistes, et qui semble provoquée par l'inefficacité de la récente victoire des défenseurs de la civilisation, n'a rien, nous ne dirons pas d'impossible, mais d'improbable, si la France continue de poursuivre la chimère d'une transaction avec des idées destructives de tout ordre et de toute paix.

Le socialisme ne pouvant pas bouleverser les bases de notre civilisation, se trouverait dans l'impuissance de rien constituer de conforme à ses doctrines, et son triomphe, nécessairement de courte durée, ne serait marqué que par des actes d'une tyrannie vulgaire, et que par des violences contre les personnes et les propriétés. Alors s'évanouiraient les rêves de fraternité universelle, de bonheur sans pareil, d'harmonie sociale, dont on nous fatigue aujourd'hui, pour faire place ou à des impôts de quelques milliards frappés sur les riches, ou à trois heures de pillage accordés aux pauvres à Paris, ou à la résurrection des ateliers natio-

naux, car, en définitive, nous ne connais-
sons encore que cela d'applicable dans les
théories des nouveaux réformateurs.

Une telle honte et de semblables malheurs
peuvent être conjurés, et nous espérons que
la Providence n'a pas réservé notre patrie à
une si cruelle épreuve; mais n'est-ce pas
déjà un intolérable supplice pour la France,
pour cette fille aînée de l'Église, cette reine
de la civilisation, cet antique foyer des nobles et grandes idées, de vivre au jour le
jour, incertaine de savoir si le joug de la
barbarie ne lui sera pas demain imposé par
une poignée de rêveurs, de mécontents et
de séditieux dont tout le crédit provient, il
faut bien le dire, des fautes sans nombre
commises par les honnêtes gens?

Le mal est si grand et si évident qu'on est
dispensé de le décrire. Ce qu'il faut aujour-
d'hui à notre nation si justement alarmée
sur tous ses intérêts et même sur ses destinées, ce ne sont pas des reproches, des ré-
criminations, ni la peinture, trop facile à
faire, de ses douleurs, mais l'indication des
moyens propres à la tirer de l'abîme où elle
a été précipitée et où elle se débat contre
des génies malfaisants. Un remède à ses

maux, voilà ce que la France demande et cherche de tous côtés.

Naguère un homme d'Etat dont le cœur est aussi élevé que la voix est éloquente, ne croyant pas que la part qu'il avait prise à un système de politique où notre dernier essai de monarchie a trouvé sa ruine, lui interdit de donner encore des conseils à la nation, nous adressait, du sein de son exil momentané, de sages pensées, magnifiquement exprimées sur le caractère et l'avenir de la démocratie en France, sans toutefois indiquer avec précision le remède aux innombrables blessures faites à notre société, comme si le mal était trop grand ou le remède trop difficile à découvrir. Il est regrettable que ce rare esprit, mûri par une longue pratique du gouvernement et par le malheur, ne se soit pas résolu à mettre le doigt sur la plaie, en nous montrant la source ancienne de nos révolutions et de notre décadence, qui n'est autre que la folie de ces partis et de ces gouvernements qui ont rêvé et qui rêvent encore de fonder quelque chose de durable sans le secours de la seule force qui soutienne et consolide les empires. Dans des jours tels que ceux-ci, les défenseurs de la vérité doivent imiter ses adversaires et ne pas s'entourer de nuages, de précautions, ni surtout de concessions, quand ils combattent pour la meilleure des causes.

L'habitude de flatter l'ancien parti conservateur, confondu aujourd'hui dans les rangs du grand parti des gens de bien, des vrais amis de la patrie; l'habitude de l'entretenir sans cesse de sa puissance, de ses vertus, de sa sagesse, et de flatter ses préjugés irréligieux, n'a pas peu contribué à l'endormir dans la fatale sécurité d'où le 24 février l'a arraché. Gardons-nous d'employer à l'égard du parti modéré, qui a besoin de tant de vigilance, une adulation aussi dangereuse. A quoi bon chercher à lui dissimuler ce qu'il sait parfaitement : qu'en ce jour ce né sont plus les institutions politiques, la richesse, la grandeur, la gloire de la patrie, mais bien les principes sociaux qui sont menacés en France, et que nous sommes réduits à les défendre moins encore par le raisonnement et la discussion que par les armes? A quoi bon lui dissimuler que quand les choses en sont arrivées à ce point, la victoire peut tomber par surprise aux mains des plus audacieux ou des plus fourbes.

Qu'il nous soit donc permis de rechercher et d'exposer avec une complète sincérité la nature des obstacles qui, selon nous, s'opposent à ce que la France rejette de son sein les doctrines anarchiques qui y fermentent, et rétablisse sur une base durable sa puissance et sa prospérité, aujourd'hui détruites.

Lorsqu'une nation est livrée aux tortures de l'anarchie intellectuelle et politique, les causes du mal qui la dévore sont d'ordinaire nombreuses et diverses ; mais il en est toujours une qui domine les autres et contre laquelle les efforts doivent être d'abord dirigés. A notre avis, la source des malheurs de notre pays est son mépris du principe de l'autorité : principe qui a besoin pour vivre d'une autre sanction que celle que la loi humaine peut donner. De là naissent tous les maux dont nous nous plaignons. S'agit-il de fonder des institutions civiles, judiciaires, administratives, de développer l'agriculture, l'industrie, le commerce, la richesse financière de la France, d'organiser ses armées de terre et de mer, nous apportons à cette œuvre difficile une sagesse et une prévoyance que les nations étrangères nous envient. Mais, lorsque nous entreprenons de constituer la souveraineté ou le pouvoir qui doit animer et faire vivre toutes ces institutions, nous nous abandonnons à des préventions irréfléchies, à des illusions, à des égarements qu'on ne pardonnerait pas au peuple le plus novice et le plus léger.

L'exemple donné par la première Assemblée constituante est une leçon dont nous aurions dû profiter. Jamais Assemblée politique ne réunit autant de lumières, de patriotisme et d'autorité. Il lui fallut peu de temps pour renverser les anciennes institutions de la France et les remplacer par un système complet d'organisation politique, conforme aux idées et aux intérêts nouveaux, et dont plusieurs parties subsistent encore de nos jours. Pour tout ce qui tenait à l'administration du pays, sa sagesse fut incomparable; mais, quand il lui fallut constituer la royauté nouvelle, sa prudence et sa haute raison l'abandonnèrent tout à coup, et elle ne put élever qu'un trône fragile, qui, en s'écroulant au premier choc, entraîna dans sa ruine cette constitution de 1791, digne peut-être d'un meilleur sort.

Ce premier essai fut suivi d'une infinité

d'autres, également malheureux, également
décourageants. La France a épuisé avec une
singulière persévérance toutes les formes
connues de gouvernement, sans pouvoir se
fixer à aucune, et après avoir plusieurs fois
adopté successivement et repoussé chacune
d'elles, nous la voyons recommencer, aussi
patiente que Sisyphe, la longue et déplo-
rable série de ses expériences. Chaque constitution faisant germer en naissant les idées
qui doivent la détruire, le législateur en est
venu à ne plus attacher qu'une importance
secondaire à l'établissement de la souveraineté ou de la base de tout l'édifice social.
On décrète aujourd'hui une constitution
comme on décréterait une loi d'intérêt local,
avec la même incurie et la même insou-
ciance. Nous ne craignons pas d'affirmer
que tous les maux de la France proviennent
de cette fatale inconstance, dont aucun
peuple n'avait encore donné l'exemple.

Ces révolutions si nombreuses, si difficiles
à expliquer, toujours si funestes, n'ont pu
s'accomplir sans énerver le principe même
de l'autorité, aussi nécessaire à l'existence des sociétés, que l'air à l'existence
de l'homme. Lorsqu'un citoyen, fût-il le

meilleur, voit l'autorité suprême passer de mains en mains, honorée pendant quelques instants, et pour la forme, puis publiquement attaquée, honnie, bafouée; quand il voit une grande et illustre nation donner au monde ce spectacle inouï pendant soixante années, sans périr, il se laisse aller à l'idée qu'en effet un pouvoir fort et respecté n'est pas le premier élément de la prospérité des États, et que la volonté individuelle, malgré sa mobilité et ses égarements est encore le moins mauvais principe de gouvernement.

L'effet d'une pareille pensée est de déchaîner tout ce qu'il existe dans un pays de mauvaises passions, de désirs insensés, d'ambitions mécontentes, de convoitises coupables. La carrière s'ouvre à toutes les espérances, à toutes les imaginations, à toutes les tentatives; car, là, où chacun est maître, qui oserait dire à une pensée, si dangereuse qu'elle fût : Tu n'iras pas plus loin. L'anarchie s'établit largement dans les esprits et dans les actes, peu inquiète de l'obstacle à ses progrès que d'honnêtes rêveurs croient avoir trouvé dans ce qu'ils appellent l'intérêt bien entendu, le sens droit de la nation; comme si, en laissant ruiner le principe de l'autorité, le peuple n'avait pas montré que son bon sens est, le plus souvent, inefficace pour conjurer les maux que ceux qui décident de son sort attirent sur sa tête. Alors l'esprit de désordre, exalté par ses succès, aspire à l'impossible.

A chaque révolution, l'ardeur des révolutionnaires s'accroît. Sous la monarchie pure, ils demandent la monarchie tempérée; sous la monarchie tempérée, ils demandent la monarchie démocratique, et sous celle-ci la république, d'abord modérée, puis anarchique; et, quand ils ont ainsi parcouru toutes les variétés de l'organisation sociale, continuellement encouragés par le discrédit où est tombé le principe de l'autorité, ils tournent contre le fondement même de la société leur fureur heureusement impuissante. Le socialisme est donc le produit, non pas de l'aberration de quelques hommes égarés ou ambitieux, mais du délire de cette nation assez aveugle pour ne pas voir où conduisent ces perpétuelles révolutions auxquelles elle applaudit ou qu'elle laisse accomplir.

Que l'on cherche maintenant, si l'on veut, dans le développement de tel ou tel principe politique, dans l'inexpérience ou l'erreur de tel ou tel souverain ou de je ne sais quel ministre, l'explication de la chute de chacun des pouvoirs qui se sont élevés en France depuis 1789, peu importe; ce que nous regardons comme certain, c'est que la cause secondaire de toutes ces révolutions, exécutées ou subies par la nation, se trouve dans l'abaissement où est tombé l'idée du pouvoir. La cause première a été indiquée plus haut. Aussi long-temps que la France restera soumise à ce détestable égarement, si conforme à la versatilité de son caractère ; aussi long-temps qu'elle n'aura pas foi dans l'autorité, qu'elle ne professera pas cette *religion de la seconde majesté* dont parle Tertullien, ses efforts pour s'arrêter dans la carrière des bouleversements politiques seront nuls, et ses ennemis extérieurs pourront se réjouir de la voir marcher à grands pas vers le terme qu'ils croient marqué à ses destinées.

La foi politique ne s'impose pas, dira-t-on; la France a contracté le goût et l'habitude des révolutions, elle ne peut plus supporter un gouvernement stable, et nos efforts doivent tendre à rendre sa puissance et sa prospérité indépendantes de changements périodiques dans ses institutions désormais inévitables.

Cette objection renferme une grave erreur. La foi ou la confiance dont il s'agit ici peut facilement se commander, car elle n'impose rien d'excessif ou de surnaturel ; elle ordonne de respecter ce que l'on a soi-même créé, et de ne pas regarder une révolution comme le correctif naturel des fautes les plus légères d'un gouvernement. Serait-ce trop exiger ? Il ne s'agit véritablement que de rétablir entre les idées et les intérêts des citoyens une harmonie qui d'ordinaire règne sans difficulté.

Une paix extérieure de plus de trente ans a porté le génie et l'activité de la nation vers l'agriculture, l'industrie, les arts, le commerce, et ils ont, dans cette carrière, obtenu de beaux et nobles succès. Pour vivifier ces sources de travail et de prospérité, le calme, l'ordre et la stabilité sont nécessaires. Chacun sent et proclame en toute occasion cette vérité ; mais par une contradiction inexplicable, nous laissons entraîner nos esprits dans la région des orages politiques, et sous le plus frivole prétexte, nous courons au-devant du désordre. Nous évitons la guerre étrangère comme une cause de ruine ; mais nous aimons la guerre civile, mille fois plus désastreuse.

La France peut, en faisant appel à son bon sens, éviter de tomber dans une contradiction aussi opposée à ses intérêts qu'à sa dignité ; elle le peut d'autant mieux que le dédain de l'autorité est un vice particulier à une portion de la société composée d'hommes d'Etat, d'orateurs, d'écrivains, d'ambitieux, de mécontents, de sceptiques politiques, qui croient, et cette prétention est un mensonge, représenter la nation tout entière. Le caractère de cette nation continue d'être, disons-le avec bonheur, profondément empreint de raison. Elle déteste les révolutions et ceux qui les font ; mais, enchaînée par un système d'administration inique aux caprices souverains de la capitale, de ce foyer brûlant de tous les désordres du monde, elle subit en gémissant les arrêts d'une population sans cesse en effervescence. Par une de ces fautes que Dieu permet à ceux qu'il veut perdre, les auteurs de la dernière révolution n'ont pas craint d'appeler l'universalité des citoyens à prononcer sur leur œuvre, et alors un mémorable enseignement a été donné à la France. Les paisibles et laborieux habitants des campagnes, avec leur intelligence simple et naïve, ont mieux vu que tous nos grands hommes d'État, alors éperdus et désespérés, où était le mal et le remède, et leur bon sens sublime a sauvé la France. Cette fois encore, la simple raison a fait rougir la science. Que la sagesse et le courage déployés par les paysans dans les élections qui ont suivi l'établissement du suffrage universel restent à jamais honorés, car l'espoir de la patrie n'est pas ailleurs.

La sagesse de la classe véritablement laborieuse, de celle qui ne puise pas ses inspirations dans les clubs ou dans les cabarets, atteste que la réhabilitation du principe de l'autorité n'est pas une entreprise chimérique. Que l'on permette à l'esprit des provinces de balancer l'instinct mobile et désordonné de Paris, et nous pourrons espérer de voir enfin s'établir un gouvernement que la moindre fantaisie de l'opinion ne renversera pas. Mais pour réaliser ce vœu de la patrie en larmes, il faut avant tout briser les chaînes à l'aide desquelles un despotisme, déjà bien éloigné de nous, malgré la récente restauration de son nom, a courbé aux pieds de la capitale la province tout entière. Aussi long-temps que le système d'administration publique, connu sous le nom de *centralisation*, si cher aux séditieux et aux administrateurs émérites, pèsera sur la France, le sort de notre gouvernement et de nos institutions restera à la merci d'une poignée d'agitateurs assez habiles, non pas pour séduire et entraîner, par des idées, l'opinion générale, mais pour s'emparer, par un coup de main audacieux, de l'Hôtel-de-Ville de Paris, monument qui joue, le croirait-on! chez une nation éclairée et en plein dix-neuvième siècle, le rôle que les poètes anciens attribuaient au palladium dans une cité imaginaire.

La centralisation sera vivement défendue par l'esprit révolutionnaire et par d'anciens préjugés; mais il n'en est pas moins vrai que l'établissement de la République et des événements récents l'ont frappée au cœur, comme une invention du despotisme qui ne peut servir qu'à l'anarchie. Il appartient aux conseils généraux des départements, aux conseils municipaux des villes et à tout ce que la province renferme

de citoyens intelligents et courageux de hâter, par l'adoption de mesures aujourd'hui
en projet, le moment où les destinées de
trente-quatre millions de citoyens ne pourront plus se jouer sur un coup de dé dans
un estaminet, un club ou une société secrète de Paris. Nous supplions nos concitoyens des départements de songer qu'ils sont
les plus nombreux et les plus forts, et qu'en
s'abandonnant eux-mêmes, ils abandon-
neraient leurs plus précieux intérêts confon-
dus avec la fortune et l'honneur de la France.

Nous venons d'indiquer la cause première
et déjà ancienne de nos révolutions, ainsi
que les moyens simples et pratiques de ramener la nation, d'abord insensiblement et
par un effort volontaire, ensuite avec plus
d'énergie, vers le principe de l'autorité, sans
lequel il serait impossible qu'elle prolongeât
long-temps son existence. Nous ne dissimu-
lerons pas que ces moyens, un instant effi-
caces, deviendraient d'impuissants palliatifs,
si leur action ne s'appuyait pas sur la seule
force qui puisse déraciner du cœur d'un
peuple les erreurs et les mauvaises passions
dont se compose l'esprit révolutionnaire, sur
l'éducation.

Tout a été dit, dans ces derniers temps, au sujet de cette grave question, et je n'ai nullement l'intention de la traiter ici de nouveau. Mais qu'il me soit permis de faire remarquer après une nouvelle révolution qui n'a que trop justifié les pronostics des amis de la liberté de l'enseignement, combien était épais le bandeau que portaient sur leurs yeux les gouvernements qui se sont succédés depuis le commencement de ce siècle. Ils ont favorisé à l'envi un enseignement officiel, soi-disant national qui dépourvu de base fixe, devait naturellement varier selon le caprice de l'opinion ou la fortune des partis, et combattu avec obstination la seule influence qui pût former pour quelque système de gouvernement que ce fût des citoyens honnêtes, sages et dévoués à leur pays. Chaque pouvoir toléra, dans ses propres écoles, l'enseignement des doctrines qui devaient le renverser. Sous la Restauration, cet enseignement produisait des libéraux; sous la monarchie de juillet, des républicains, et sous la République, il produira, selon toute probabilité, des socialistes, parce qu'un enseignement, sans autre guide que la raison humaine, est contraint de suivre cette prétendue raison dans tous ses écarts. Quand on songe que ces gouvernements avaient le sentiment du mal qu'ils autorisaient et de dangers qui devaient en résulter pour eux, et qu'ils ont reculé devant des préjugés indignes de pitié, on s'étonne que leur seul intérêt ne les ait pas mieux inspirés.

La République aura-t-elle plus d'intelligence que la monarchie! Osera-t-elle appeler au secours de la société en péril, la liberté qu'elle a promise? Nous ne le pouvons dire. Ce dont nous sommes profondément convaincus, c'est que si elle tolère un enseignement dont les tendances d'abord habilement voilées et ensuite plus clairement exprimées, seraient favorables aux aberrations régnantes, elle préparera sa ruine et pour la nation une suite incalculable de malheurs.

Qu'en présence d'un avenir aussi chargé de nuages, lorsque les événements donnent jour par jour à chacun de si sévères leçons, d'anciens amis d'une sage liberté, naguère encore les adversaires déclarés de la concurrence en matière d'enseignement, consentent à déposer des préventions qui ne sont plus de ce temps. Qu'ils veuillent bien considérer qu'il n'existe qu'une seule doctrine

qui ait traversé sans faiblir des temps plus
mauvais que les nôtres, cette doctrine n'est
point la philosophie enseignée dans telle ou
telle école, chez tel ou tel peuple, mais le
catholicisme. Lorsque tout s'écroule, les
hommes, les caractères, les systèmes, les
institutions, les empires, qu'ils nous croient,
c'est encore dans cette doctrine qu'il y a le
plus de chances de trouver un port assuré
au milieu de la tempête universelle.

Quand on étudie avec sollicitude une si-
tuation politique pareille à celle que les révolutions ont faite à la France, et que l'on a
indiqué, selon sa conviction profonde, les
moyens de la rendre meilleure ou d'empêcher qu'elle ne devienne pire, l'esprit, quelle
que soit la tristesse qu'il éprouve ne peut résister au besoin d'interroger jusqu'au bout
l'avenir, et de connaître, autant qu'il se peut,
ce qui arriverait, si les moyens indiqués
étaient repoussés ou manquaient leur effet.

La facilité avec laquelle ont été renversés
deux gouvernements, la Restauration et la
Monarchie de juillet, sous l'égide desquels la
liberté constitutionnelle faisait, au milieu de
la paix et de la prospérité commune, des
progrès qu'aucun esprit impartial ne saurait

nier ; les crimes, encore vivants dans la mémoire de tous, de la première République, l'impuissance de la seconde, et les grandes choses accomplies par l'Empire au moyen du pouvoir absolu, ont beaucoup contribué à répandre l'idée que la nation française n'était pas disposée par son caractère à comprendre les bienfaits d'une liberté qui s'acquiert lentement, impose de nombreux sacrifices, et ne se conserve qu'à l'aide de la prudence et de la modération. Les doctrines anarchiques prêchées en ce moment, l'intention hautement déclarée par des factions de détruire la société tout entière, la fragilité du présent, l'obscurité de l'avenir, l'inanité de tant d'efforts, de tant de changements, de tant de révolutions, amènent chaque jour de nouveaux partisans à l'opinion, que la France obéissant à une loi dont l'histoire atteste l'universalité, ira, dans son dégoût et sa lassitude, demander au despotisme l'ordre et le repos qu'elle n'a pu trouver ailleurs.

Le plus funeste effet de la démagogie est de décrier la liberté et de réhabiliter le despotisme. On peut fermer les yeux sur les erreurs, les folies, les crimes mêmes de la

démagogie, mais on ne saurait lui pardonner
de dessécher dans son germe l'idée de la
liberté, c'est-à-dire le principe de tout ce
que les citoyens pensent et font de bon et de
grand, et de les pousser par un flot irrésistible vers l'abdication de leur indépendance,
vers l'abandon empressé du droit qui leur
appartient de travailler par leurs efforts com-
muns à l'édifice de la prospérité publique.
Qu'on ne se fasse pas illusion, nous sommes en-
traînés par ce flot bien plus rapidement que
nous ne croyons, et si nous ne reprenons pas
confiance en nous-mêmes et en la liberté,
nous n'aurons plus bientôt qu'à choisir entre
les chaînes qui nous seront présentées.

Pour affermir dans leur foi ceux qui ne
désespèrent pas plus de la liberté qu'ils ne
désespèrent du droit, si souvent terrassé,
vaincu et toujours vivant, on dit que le despotisme est aujourd'hui impossible, qu'il ne
suffit pas de le désirer pour l'obtenir, que la
dictature serait un expédient et rien de plus.
Gardons-nous d'une trop grande confiance.
Le despotisme est la seule forme de gouvernement des peuples primitifs, c'est dans ses
bras que la civilisation prend ses premiers
développements ; or, quand une nation,

après avoir expérimenté en vain toutes les institutions possibles, sans pouvoir se fixer à aucune, en est arrivée à cette extrémité de douter si les droits naturels, objet des plus violentes aggressions, ne succomberont pas, on peut dire que malgré l'éclat de son passé et l'apparence de sa civilisation, elle est dans le même état qu'une peuplade primitive et barbare, et que le pouvoir absolu trouverait chez elle les éléments d'un facile établissement et d'une longue durée. Toujours et partout ce pouvoir est né de l'anarchie, ainsi qu'une conséquence naît de son principe. Le despotisme n'est impossible que chez les nations réfléchies, modérées, prudentes, amies du droit et de la liberté, qui savent croire et respecter, en un mot, que chez les nations qui ne se sont pas livrées corps et âme au démon des révolutions.

Si, comme les événements autorisent à le penser en ce moment, l'Europe, après avoir encore subi quelques crises douloureuses, se remet de la violente secousse que notre révolution lui a causée, le pouvoir se redressera partout d'autant plus fort, qu'il aura résisté à un plus rude assaut. Alors éclatera une réaction générale contre la frénésie révolutionnaire. Il est à craindre qu'elle n'enveloppe dans ses légitimes ressentiments la pure et vraie liberté, celle que les bons citoyens portent dans leur cœur, et que nous ne voyions se reproduire, peut-être avec plus d'entraînement, ce qui est arrivé en France au commencement de ce siècle. Que les gens de bien sachent résister à ce torrent. Qu'ils réunissent tous leurs efforts, et luttent sans faiblesse et sans relâche contre de détestables doctrines, qui ont déjà perverti une foule de cœurs honnêtes, couvert notre pays de ruines, armé les citoyens les uns contre les autres, répandu la misère sur la contrée la plus favorisée du ciel, rendu suspecte aux yeux du monde entier une grande et généreuse nation, mais dont le plus grand crime est de faire douter de la liberté.

J'arrête ici des réflexions qui auront semblé trop longues à nos lecteurs, quoique le sujet ait été à peine effleuré. Je ne déposerai pas cependant la plume sans témoigner mon étonnement de la sécurité complète où je vois tous les partis, vainqueurs ou vaincus, sur les destinées de la France. Par un sentiment généreux en soi et vraiment patriotique, chacun croit la patrie impérissable et en agit avec d'autant plus de liberté à son égard. Il y a là, je le crains, l'indice d'un aveuglement sans exemple.

Nulle nation n'a le droit de se croire nécessaire et immortelle. Chacune a sa mission spéciale dans les développements et les variations de l'humanité, et meurt ou se transforme quand elle l'a remplie, ou que, pour son malheur, elle l'a désertée. Les symptômes auxquels on reconnaît qu'un peuple a épuisé ses conditions d'existence sont nombreux et divers; mais on peut affirmer, sans crainte de se tromper, que si un peuple quelconque se met en lutte avec la société humaine, en propageant la haine des principes sur lesquels elle repose, ce peuple, malgré sa gloire passée, sa vitalité apparente et sa confiance en lui-même, est en proie au délire qui précède toujours de quelques instants la mort. A Dieu ne plaise que j'applique à ma patrie ces sinistres pronostics! Elle a rendu et elle peut rendre encore au monde de trop éclatants services pour que l'on doive regarder le mal qui la tourmente depuis tant d'années comme le signe précurseur d'une mort prochaine. Toutefois, il est temps pour elle d'abjurer des erreurs dont le monde ne tolé-

rerait pas le triomphe, et de reprendre paisi-
blement la tâche que la Providence lui a
assignée dans l'œuvre de la civilisation. Ce
n'est pas seulement sa gloire, c'est sa vie
qui y est intéressée.

FIN.